中國歷史大冒險 ⑫

大明帝國

U0111499

新雅文化事業有限公司

www.sunya.com.hk

每回附有：歷史文化知多點

序

輕輕鬆鬆
閱讀歷史！

　　中華民族是一個古老的民族；中國歷史上下五千年，堪稱源遠流長。整部民族的歷史，是我們集體的過去，是我們祖先的奮鬥歷程，是我們所以有今天的因果。鑑古知今，繼往開來，不認識自己的民族歷史，猶如無根的植物，是不行的。

　　讀歷史，要有方法。以漫畫作媒介，以圖像說故事，可以輕輕鬆鬆地閱讀歷史。只要小孩子主動地拿起來看，他就會認識了盤古初開、三皇五帝、夏商周以至唐宋元明清……雖然只是一個梗概，但心中埋下了種子，以後不會對歷史課感到枯燥乏味，這就是我們的目的了。

　　本系列前稱《歷史大冒險》（中國篇），自 2008 年出版以來，一直深受孩子喜愛。如今重新出版，並豐富其內容：在漫畫底部增設「世界歷史透視」時間線和「中外神話／歷史大比照」，讓孩子通過比較中西方發展，以更宏觀的角度學習歷史；每個章回後亦設有「歷史文化知多點」，介紹相關朝代的知識，並設有「想一想」的開放式問題，以培養孩子的獨立思考。希望孩子在輕鬆看漫畫之餘，也能得到更充實的歷史知識。祝各位讀者享受這次歷史之旅！

方舒眉

登場人物

Q小子
活潑精靈，穿起
戰衣後戰鬥力強。

神龜
本來是遠古海龜，現
與Q小子和A博士一
起穿梭古代。

A博士
歷史知識廣博，發明
了「中國歷史大冒
險」的時光網絡。

明太祖朱元璋
明朝開國皇帝，成立錦
衣衞，大興文字獄。

明成祖朱棣
朱元璋之子，發動「靖
難之變」，奪建文帝之
位，後來成立東廠。

鄭和

明朝航海家，被稱為
「三寶太監」，奉命
七次下西洋。

戚繼光

明朝將領，獲大臣張
居正賞識，負責剿滅
倭寇。

努爾哈赤

女真族首領，建立後
金，在薩爾滸之戰中
大敗明軍。

袁崇煥

明朝將領，在寧遠之
戰中擊敗努爾哈赤，
後被崇禎帝所殺。

皇太極

努爾哈赤之子，改國
號大清，是為清太宗。

明思宗朱由檢

崇禎帝，明朝最後一
任皇帝，李自成攻破
京城後自縊身亡。

李自成

明末民變領袖，自稱闖
王，後被清軍及吳三桂
擊敗。

吳三桂

明朝將領，鎮守山海
關，後引清兵入關，被
封為平西王。

鄭成功

擁護南明永曆帝，曾北
伐攻打清軍，失敗後退
至台灣。

時代簡介

　　本是一個小和尚的朱元璋登上皇位後，終日擔憂臣子意圖謀反，於是借錦衣衞清除與他一同打江山的功臣；之後的繼位者又再立東廠、西廠和內行廠，宦官權傾朝野。

　　對外方面，鄭和七次下西洋，打開明朝對外接觸的大門；明朝中期外敵不斷，卻因明神宗多疑而使忠臣不獲重用，後來一代名將袁崇煥更被冤死。闖王李自成殺入北京，吳三桂引清兵入關，最終崇禎帝自縊於煤山。

第七十六回

廠衞橫行

　　蒙古人在中原的高壓、殘暴統治，結果遭受百姓猛烈的反抗，這個「馬上得天下」的政權，歷史卻證明了並不能「馬上治天下」。

　　朱元璋由一個鄉下的小和尚，機緣巧合地成為起義軍領袖，再進一步登上龍椅，於應天府（今南京）稱帝，建國號大明，年號洪武，是為明太祖。

公元 1368 年，朱元璋在應天府稱帝。

哈哈！朕一個窮小子，終於坐上九五之尊的位置！

且慢，連朕也能坐上龍椅，這代表任何人也能登上這個位置，尤其是跟朕打天下的人……

那句老話說得對：狡兔死，走狗烹！就這麼辦！

哎呀，那句老話的出處是什麼呢？書讀得少，唉……不！書讀得多又怎樣？朕才是掌握生殺大權的人！

9

朱元璋最重要的軍師劉伯溫，看透這皇帝的為人，跟他是不可共富貴的，所以早早辭官回鄉，寫字作畫，頤養天年。

劉伯溫在朝中有一位好友，名叫徐達……

我知道！徐達是朱元璋手下一員大將！

劉伯溫勸他功成身退，他不聽，於是劉伯溫唯有指點他一招「保命招數」……

皇上如賜宴，你一定要緊緊跟着他，才可保平安！

世界歷史透視

劉軍師那番話何解呢？

不過劉軍師說的一定沒錯，我記住就是了！

大夥兒盡情吃喝，今晚不醉無歸！

朕有事先走，你們繼續，不要客氣！

徐將軍，你跟着朕幹什麼？

朕不是叫你們留下來喝酒的嗎？

保護皇上，是微臣的責任……

他們走後不久，慶功樓失火，赴宴功臣全部葬身火海！

好狠的手段！徐達逃過一劫！

其實這只是民間流傳的故事，並非真實*。不過到了洪武十三年（公元1380年），朱元璋真的大開殺戒了！

*據歷史學家考證，「火燒慶功樓」一事是後來清廷讓文人篡改歌頌朱元璋的小說《皇明英烈傳》而來，目的是降低明朝在百姓心中的地位。

胡惟庸是朱元璋手下文官之首，官拜丞相。

洪武十三年（公元 1380 年）正月，有人告發胡惟庸想謀害朱元璋，於是朱元璋下旨把他處死。

此案牽連甚廣，死者達三萬餘人，史稱「胡惟庸案」。

就連已退隱多年，七十六歲的太師李善長在十年後也被牽連，家中七十餘人被處死！

收拾完文官後，便到武將。為朱元璋打江山賣命的大將軍藍玉，忽然被控「謀反」，逮捕三日後匆匆被處斬！

此案牽連一萬五千人被殺，連同胡惟庸一案，約有四萬五千人丟了性命！

我的天！為他打工真危險！也許夾着尾巴做人比較安全……

不！夾着尾巴做人也不安全……

所謂「躺着也中槍」呢！你們聽過「文字獄」嗎？

文字獄，指專制統治者對文人及士大夫的迫害，故意從其著作中摘取字句，羅織罪名。案件常是無中生有、小人造謠所為，而明代的文字獄更令人啼笑皆非……

例如每到喜慶的日子，各級官員依例均會呈上賀表以示祝賀。

朱元璋讀得書少，卻喜歡「雞蛋裏挑骨頭」！

反了！反了！

讓我看看這賀表,究竟寫了什麼令他抓狂?

把這個傢伙斬了!

光天之下
天生聖人
為世作則

看來看去都沒發現什麼問題啊!

但朱元璋疑心甚重,給他看出了問題來……

朱元璋認為,這賀表寫的「光天之下」的「光」是諷刺他曾作和尚剃光頭;天生聖人的「生」字和「僧」字讀音差不多;而為世作則的「則」字是罵他作「賊」云云。

17

説什麼天下有「盜」？「青門」不就是佛門嗎？諷刺我曾作和尚！可惡！

殺殺殺

瘋子！

朱元璋殺人殺得太橫蠻無理，嚇得官員們都不敢寫賀表！

於是有比較大膽的官員向朱元璋提出，請求他頒下一套「標準賀詞」以供參照，避免犯錯。

慶賀謝恩表箋成式

嘻嘻，有「貓紙」可抄！

這麼屈辱，文人們都不去當官了吧！

不成！明朝刑法規定，不願出仕當官的文人當犯罪論！

人人都要學「火燒慶功樓」故事中的徐達般機靈才行！

不！相傳徐達後來也逃不出朱元璋的毒手！

據說徐達晚年時在家養病，朱元璋派人「賜宴」……

啊！難道他在酒菜中下毒？

不，酒菜沒毒，不過……

是河鵝?!

朝廷規定，君賜臣食品，臣不能不吃，於是徐達含淚吃掉整隻河鵝。

我不明白！有好東西吃為何還要「含淚」？

因為徐達所患之病，是「背疽」！

這種病在現代若處理不當也挺麻煩的，在古代更加凶險……

古代死於背疽的名人，除了徐達，還有項羽的軍師范增、唐代詩人孟浩然等。

鵝肉含豐富蛋白質，中醫認為會催發瘡毒，故皮膚病患者忌吃。

宜吃龜孝賣！

朱元璋以造反起家，深怕別人也會造他的反⋯⋯

於是他設立了一個名為「錦衣衞」的組織，實行「特務治國」！

這就是錦衣衞的服飾，稱為「飛魚服」，很有型吧！

身穿飛魚服，佩帶繡春刀，橫行朝野殺無赦！

為了監視羣臣、杜絕貪污，朱元璋成立錦衣衞，直接向自己負責，無須經過刑部便可以逮捕、審訊和處決犯人，最終目的是藉此鞏固朱氏江山。

父皇濫殺濫捕，恐傷和氣，對國家不利……

對於朱元璋濫殺羣臣，心地善良的太子朱標不忍，曾加以勸諫。

哼！真不懂事！

中外歷史大比照

俄國沙皇伊凡四世成立了「特轄軍」，他們身穿黑衣、騎黑馬，負責拷問和暗殺沙皇的敵人。

錦衣衞這特務機構只風光了一時⋯⋯

很快便被另外一個名叫「東廠」的機構蓋過了!

朱元璋駕崩後，本來傳位給其孫子朱允炆，是為建文帝，但後來四子朱棣揮兵打敗建文帝而登上皇位。因為政局未穩，於是朱棣重新起用朱元璋晚年廢止了的錦衣衞。

後來，朱棣可能還是不放心，於是成立了另一個機構，名為「東廠」。

這「工廠」生產什麼玩意？

衣服？

玩具？

還是食品加工廠？

東廠不是「工廠」啊，它也是一個特務機構！

因這個機構位於燕京（今北京）東安門，故名為「東廠」。

東廠是由我們宦官主理，皇上最信任太監的了！

嘿，我是東廠！

東廠成立初期，一廠一衞平起平坐，但到了後期……

在宦官權傾朝野的年代，錦衣衛指揮使見到了東廠的廠主，甚至要下跪叩頭呢！

乖！

不過東廠也不能永遠風光，明憲宗朱見深設立西廠，其權力又蓋過了東廠！

我是西廠廠主！

中外歷史大比照　威尼斯共和國的十人議會在 1310 年成立，是掌握政府實權的組織，設有特務機構以監視人民，甚至進行刺殺活動。

別爭啦！西廠也高興不了多久啊！

明武宗朱厚照寵信的太監劉瑾設立「內行廠」，並由自己領導，其權力當然又在東廠和西廠之上。

錦衣衛、東廠、西廠、內行廠……

明朝竟有四個特務機構！

所以有史家認為：「明不亡於流寇*，而亡於廠衛」！

*流寇指明朝末年流動的土匪、強盜，著名的流寇包括李自成、張獻忠等。

歷史文化知多點

明代的黑暗政治

明朝的特務

在中國歷朝歷代之中，擁有最多特務機構的要數明朝。明朝的特務機構叫做「廠衞」，是皇帝的耳目和爪牙。廠，指東廠、西廠、內行廠（即內廠）；衞，指錦衣衞。兩者合稱廠衞，能夠自行監禁、審問、處決犯人，權力很大。

廠的頭目大多由太監充任，錦衣衞長官為指揮使，都是皇帝的親信心腹。錦衣衞下領十七個所和南北鎮撫司，負責偵察官員；東、西兩廠負責偵察官民和錦衣衞，內廠則監視官民與其他廠衞。廠的權力大過衞，尤以內廠權力最大，而皇帝則直接領導和監督眾廠衞。

廠衞特務遍天下，這樣明朝江山是否鞏固呢？事實恰好相反，官吏軍民談「廠衞」而色變，使官、民、軍都人心惶惶。有後人評價道：明非亡於流寇，乃亡於廠衞！只以嚴刑高壓之術作為統治手段，而不好好疏導民情民怨，最終只會失去江山，這是明朝給我們的歷史教訓。

無處不在的錦衣衞

明太祖朱元璋希望把權力集中在自己手裏，整日擔心官員會欺騙他，於是設立錦衣衞監視官員，這使官員的大小舉動都逃不過朱元璋的雙眼。

有一天，吏部尚書吳琳突然向朱元璋請求告老還鄉。朱元璋雖然答允，但心有猜疑，於是便派遣錦衣衞到吳琳的家鄉視察。錦衣衞來到吳琳家的旁舍，正好看見有一個農夫在耕種，於是便問他：「這裏是不是有一位吳尚書，他在不在家？」那農夫停下手上的工作答道：「我就是吳琳。」後來錦衣衞把事情回報給朱元璋聽，朱元璋得悉後知道吳琳是真的歸隱，才放下心頭大石。

此外，有大臣在家中打麻將，但不小心丟失了一張牌，怎樣都找不出來。第二天上朝的時候，朱元璋問他在家中做什麼，那大臣只好如實稟告，請求恕罪。誰料朱元璋說：「你沒有騙我，我就不怪責你吧。」然後朱元璋把大臣丟失的牌子扔給他，大臣這才發覺原來自己在家中，也受到錦衣衞的監視。

宦官為禍

在中國歷史上，宦官亂政並不是什麼罕見的事情，而宦禍在明朝尤其嚴重。這是因為朱元璋在胡惟庸案後廢除丞相，把權力集中在自己的手裏。可是後來明朝出現不少昏庸的皇帝，加上設有廠衞，由宦官執掌，這就給予了宦官把持朝政的機會，使他們的權勢達致頂峯。

明朝出現了好幾位遺臭萬年的宦官，為朝廷帶來無窮禍患。明英宗非常寵信宦官王振，當時北方的蒙古瓦剌部入侵明朝邊境，王振為了建功，便慫恿英宗御駕親征。可是他們一方面準備不足，另一方面亦低估了敵人的實力，結果明軍在土木堡戰敗，士兵傷亡慘重，更屈辱的是英宗被瓦剌部俘虜。結果將領一怒之下，把王振殺了洩憤。

到了明武宗時，他寵信宦官劉瑾，權力極大的內廠，就是由劉瑾統領。當時流傳着明朝有兩個皇帝：「一個坐着，一個站着；一個姓朱，一個姓劉。」後來有人告密劉瑾意圖謀反，武宗下令把他抄家斬殺。由此可見，宦官雖然權傾一時，但都落得淒慘下場。

東林黨爭

明朝宦官之中，明熹宗時的魏忠賢惡名昭彰，雖然人名忠賢，但卻並非忠臣。

魏忠賢得勢後，被人稱為九千歲，意思是指他的地位只比萬歲的皇帝低，可謂一人之下，萬人之上。官員為了討好他，更為他建立生祠，供奉他的塑像。

可是，有一些正直的大臣對宦官為禍看不順眼，顧憲成就是其中之一。他在被革職後返回故鄉無錫，在東林書院講學，抨擊宦禍。與他志同道合的士大夫因而被稱為「東林黨」，而朝中依附宦官勢力、對抗東林黨人的則稱為「非東林黨」。

楊漣也是東林黨人，曾向熹宗上疏，羅列魏忠賢二十四條罪狀。魏忠賢知道後，馬上捕殺東林黨人，並拆除東林書院。楊漣、左光斗等東林黨人被補入獄，受盡魏忠賢的酷刑折磨而死，東林黨的勢力大大減弱。

熹宗死後，魏忠賢失去靠山，繼位的思宗崇禎帝把魏忠賢殺掉。可是朝中的黨派鬥爭已經根深蒂固，難以平息，最終加速了明朝的衰亡。

文字獄之災

　　所謂文字獄，其實就是在文字中雞蛋裏挑骨頭，刻意扭曲文意，把字句聯繫到具諷刺的意思或謀反的意圖上，從而迫害文人朝臣，清除異己。正所謂「欲加之罪，何患無詞」，結果不少慘案發生，受到牽連的人不計其數。

　　朱元璋讀書不多，而且為人多疑，在位期間興起了不少文字獄的風波。到了明世宗時期，文字獄又達到另一個高峯。除了皇帝的疑心外，當時激烈的黨爭亦加劇了文字獄，敵對的黨派會互相挑剔對方的文章詩句，以作彈劾。

　　嚴嵩得到明世宗的重用，權傾朝野。當時李默出任吏部尚書，堅決不與嚴嵩一黨同流合污，並拒絕任用他們所推薦的官吏，結果被嚴嵩視為眼中釘。有一次，嚴嵩知道李默拒絕引薦工部侍郎趙文華出任大司馬，於是與趙文華合謀，向世宗上疏彈劾李默，説他曾言「漢武征西域而海內虛耗，唐憲復淮蔡而晚業不終」等語是誹謗朝廷。世宗大怒，將李默革職，結果正直的忠臣落得淒慘的下場，最後死於獄中。

想一想

如果你是明朝的官員，在文字獄盛行的情況下，你會不會敢於發言？

第七十七回

鄭和下西洋

說回朱元璋，他當了三十一年皇帝，終於嗚呼哀哉……

太子朱標比他更早死去，所以他只好傳位給孫兒。

朱元璋的孫兒朱允炆，史稱明惠帝，因年號「建文」，又稱建文帝。

先帝生前封了很多兒子為藩王，這些叔叔們手握兵權，令我很不安心……

那麼，請皇上削藩吧！

所謂「柿子挑軟的捏」，建文帝先收拾實力較弱的周王、代王、岷王、齊王……

而湘王聽說建文帝要對付他，一時想不開，竟引火自焚而死。

然後建文帝要向實力最強的燕王朱棣開刀了！

朱允炆這小子遲早都會找上我，我不能束手待斃！

咦？那個瘋瘋癲癲的人不就是燕王嗎？

喂！付錢呀！

燕王朱棣在北平裝瘋扮癲，意圖消除建文帝對他的戒心。

哼！我可不會這麼容易上當！趁這時派我的心腹換掉他的將領……

將他的親兵調出塞外！

王爺，看來皇上不會放過你的……

那小子欺人太甚！我要起兵跟他拼了！

正該如此！我都計劃好了，王爺可以如此這般……

你是我的軍師，都聽你的！

那個和尚是什麼人？

不知道啊！

這和尚法號道衍，俗名姚廣孝，是個精通謀略的奇人。

他深得燕王朱棣的信任，在起兵奪位的整個過程中，道衍都扮演着軍師的角色。

這場「靖難之變」歷時四年，最後朱棣攻入南京，登基稱帝，是為明成祖。

世界歷史透視

公元 1392 年
李成桂建立朝鮮王朝

公元 1396 年
英法締結二十年停戰協定

老老實實，你七下西洋，去那麼多次幹什麼啊？

宣揚天朝國威嘛！皇上很喜歡這個，其次……

是要追查建文帝的下落！

鄭和的船隊陣容非常龐大，船隻兩百多艘，人員兩萬七千多名。

總航程達七萬多海里，足足能夠圍繞地球三周有餘，到達的國家不計其數。

*大航海時代指歐洲在15至17世紀期間探索新的貿易航道，發現了不為人知的地區，並湧現了哥倫布、麥哲倫等著名航海家。

麒麟是中國傳說中的吉祥神獸，只在太平盛世時才會出現……

麒麟首似龍，形似馬，壯如鹿，尾若牛尾，身有五彩，口能吐火，其聲如雷……

這邊請！

這麒麟身形龐大，我們要打穿三層甲板來安置牠呢！

真要大開眼界！

你騙人！這不過是隻長頸鹿！

A博士，鄭和這傢伙在要我們呢！

不！長頸鹿就是傳說中的麒麟。

在永樂十二年（公元1414年），即鄭和帶回「麒麟」的前一年，孟加拉國已向明成祖進貢了一隻「麒麟」，代表天下太平，國泰民安。

據說朝野臣民都爭相觀賞「麒麟」，明成祖大悅，命令宮廷畫師繪下圖像，並着書法家沈度寫了一篇《瑞應麒麟頌》題於畫上。此卷軸現藏於台北故宮博物院。

公元 1492 年
哥倫布發現美洲新大陸

公元 1517 年
馬丁路德開啟宗教改革

第一部：《三國演義》成書於明初，作者羅貫中。

啊！黑臉諸葛亮！

第二部：《水滸傳》成書於明永樂至嘉靖年間，作者施耐庵。

我是武松，你是武大郎！

公元 1521 年
明世宗繼位，開啟嘉靖中興

公元 1522 年
麥哲倫船隊完成環繞地球一周航行

中外歷史
大比照

明朝時，歐洲進入文藝復興時期，也有很多出色的作家
湧現，早期便有意大利詩人但丁，其代表作是《神曲》。

歷史文化知多點

明代與世界的交流

鄭和七次下西洋的目的

15 世紀初，中國進入航海史上前所未有的輝煌時期，鄭和乘坐世界上最大的「寶船」（據說相當於一艘小型航空母艦），浩浩蕩蕩地向西洋海域進發。

鄭和先祖是來自中亞的色目人，經過幾代後已完全漢化，鄭和本非姓鄭，他有漢化的「馬」姓，小名三寶。

馬三寶幼時在雲南被軍隊俘虜，淨身後入宮當太監，之後被派到燕王朱棣的府邸，因聰明乖巧受到賞識。燕王發動政變，推翻建文帝取得政權後，鄭和因隨燕王「靖難」有功，賜姓鄭，官居正四品「內官監太監」，最後更獲封為「三寶太監」。

朱棣坐上皇帝寶座，登基為明成祖後，多次派鄭和出海，宣諭明成祖稱帝這重大政治事件，並與海外地區建立政治、貿易等關係，宣揚大明國威。也有說法指因靖難之變後建文帝下落不明，於是明成祖派鄭和出海搜索，但卻缺乏史料印證這說法。鄭和去世後，相關的下西洋檔案被銷毀，已無從稽考了。

鄭和下西洋時曾到訪的國家

沙特阿拉伯

伊朗

●麥加

也門　阿曼

印度

非洲

科澤科德
（古里）

索馬里

肯尼亞

斯里蘭卡
（錫蘭）

印度洋

中國

北京

劉家港

太平洋

孟加拉

泰國

越南

（占城）

馬來西亞

馬六甲
（滿剌加）

蘇門答臘

巨港
（舊港）

爪哇海

爪哇

鄭和下西洋的貢獻

中國一直以天朝自居，與其他東南亞小國相比，是一個地大物博的國家，在政治、文化和軍事上都較強勢。鄭和下西洋時，明朝國力鼎盛，從其艦隊中可看見中國雄厚的實力。不過在中國正史的記載之中，中國並沒有恃勢凌人，而是與外邦君主建立良好關係。

可是也有歷史學家提出質疑，指鄭和下西洋時也有利用武力對付不願順從的部落，又任命親明朝的人為統治者，建立通商口岸，控制海陸要道，實際上是利用自己的威勢來壓迫小國。

不過無可否認，鄭和下西洋對於促進東南亞的發展還是有一定的幫助。鄭和把農作物的種子、瓷器、藥材、印染及雕刻技術等帶到當地，此後到東南亞地區謀生的中國居民亦不斷增加，他們把中國的農業耕種工具和種植方法帶到東南亞，推動了當地的經濟發展。

因此時至今日，鄭和在東南亞國家仍然受到尊崇，在泰國、馬來西亞、印尼等地可看見鄭和下西洋的相關古跡，以及當地人為鄭和建造的廟宇。

享譽世界的中國瓷器

中國的工藝水平高超，明朝更是瓷器製作的鼎盛時期。明朝在景德鎮設立官窯，專門為宮廷生產瓷器，使景德鎮成為全國瓷器製造的中心。隨着鄭和七次下西洋，他的船隊把中國瓷器帶到世界各地，促進了瓷器的外銷。

中國瓷器精緻、高雅，吸引西方國家的宮廷貴族、上流社會收藏。隨着西方國家開闢了新航線，與中國的貿易往來更為方便，很多西方商人與中國直接進行瓷器貿易。明代中前期以景德鎮的青花瓷和龍泉窯青瓷最為暢銷，晚期則以景德鎮民窯、漳州窯所製的瓷器為主，除了青花瓷外，五彩瓷器和白釉瓷器也很常見。

後來，西方國家也漸漸掌握燒瓷技術，並把中國瓷器的特色糅合西方元素，製作出風格中西合璧的瓷器。

◀ 16 世紀土耳其陶瓷碟，上有受中國青花瓷器啟發的紋飾，大英博物館藏。

西儒利瑪竇帶來的文化交流

元朝時，不少蒙古人和色目人都信奉基督教，但到了朱元璋建立明朝後，基督教在中國又再度式微。直至明萬曆年間，歐洲天主教的耶穌會教士利瑪竇來華傳教，促進了中國與西方的文化交流。

公元 1582 年，利瑪竇前往澳門學習中文，其後又移居至廣州、韶州等地，學習中國文化，與士人結交，並改穿中國儒服，稱為「西儒」。與此同時，利瑪竇把四書意譯為意大利文，又把漢字詞彙附上拉丁字母拼音。公元 1601 年，利瑪竇前往北京，向明神宗進獻《聖經》、十字架、自鳴鐘、三稜鏡等物品，獲准留居京城，這使利瑪竇能結交京城官員。

16 世紀的歐洲正處於文藝復興時期，藝術、科學等方面發展迅速，利瑪竇向明朝官員、士人介紹西方的科學技術，包括天文、地理、數學、幾何等，並與徐光啟等人合作翻譯出版西方的重要著作，例如《幾何原本》、《測量法義》，使西方知識能在中國傳播。

想一想

如果你生於明朝，會接受西方傳入的新事物和知識，還是會感到抗拒呢？

第七十八回

名將之死

幾百年前的澳門，只是一條小漁村，但其地理位置使它成為東西方貿易的港口……

明朝嘉靖年間，葡萄牙人進駐澳門，向明朝政府租借地方，作為東方貿易的據點。

明朝也很開放呢！

這是因為明朝官員收下了葡萄牙人的賄賂罷了！

佛朗機來了！

佛朗機是什麼玩意？

那是古時中國人對葡萄牙人的稱呼啦！

葡萄牙的英文是 Portugal，按讀音翻譯的話是譯不出「佛朗機」啊？

嘻嘻！有原因的！

在中世紀時，阿拉伯帝國進行擴張，與歐洲的法蘭克人交戰，自始阿拉伯人稱所有歐洲人為 Faranj（佛朗機）。

明朝時，葡萄牙人來到中國遠東沿海地區。

當時在中國的阿拉伯商人叫他們做「佛朗機」，於是明朝人也就跟着這種叫法。

葡萄牙向明朝傳入一種先進的大炮，於是明朝人乾脆叫這種大炮做「佛朗機炮」。

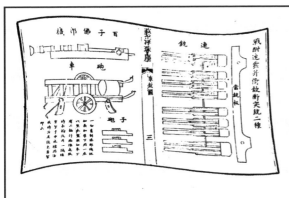

葡萄牙人求取貿易利益，倒是有規有矩，故此明朝容許葡人租借澳門通商。

明朝視為大患的，是在沿海一帶搶掠的倭寇。倭寇是由日本的浪人、殘兵和失意武士所組成。

戚繼光是明朝將領，他得到內閣首輔張居正賞識，奉命剿滅倭寇。

他發覺原有的官兵戰鬥力不足，於是親自招募三千人，訓練成一支精銳的戚家軍。

戚家軍與倭寇交戰，戰績彪炳，使倭寇聞風喪膽。

戚家軍來了！快逃命！

賞識戚繼光的是一代名相張居正。

張居正輔助年幼的明神宗，改革朝政，整頓稅務，十年間就令到國庫充盈，國力提升……

可惜他一死，神宗就反面了！

張居正死後不到兩年，神宗就下令把他抄家！將一個有功的忠臣如此無情對待，簡直是倒行逆施！有史家認為，明朝之亡就在此刻埋下伏筆。

張居正是個貪官！沒收他的家產！

可能神宗以前長期被張居正架空，所以心有不忿，不單抄家，連他制定的政策也不再沿用！

真是伴君如伴虎！

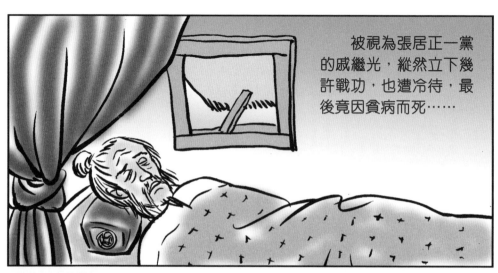

被視為張居正一黨的戚繼光，縱然立下幾許戰功，也遭冷待，最後竟因貧病而死……

世界歷史透視

公元 1582 年
張居正逝世

公元 1583 年
意大利傳教士利瑪竇來華

神宗沒有張居正的箝制，整日吃喝玩樂，竟然長達三十年不上朝！

笨蛋！向百姓多收點稅不就行了?!

稟皇上！因朝廷助朝鮮抗日，國庫支出龐大……

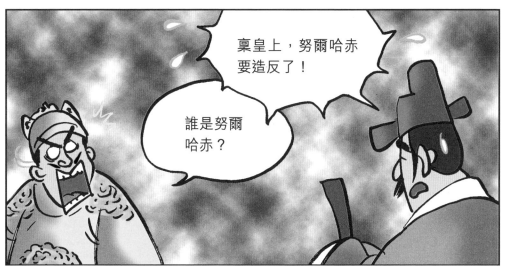

稟皇上，努爾哈赤要造反了！

誰是努爾哈赤？

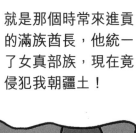

就是那個時常來進貢的滿族酋長，他統一了女真部族，現在竟侵犯我朝疆土！

區區一個未開化的酋長？派大軍掃平他！

喔！對了……

如果軍費不夠，向百姓多收一點稅！

忍無可忍了！

努爾哈赤，滿族人，愛新覺羅氏。他統一了女真部族，於公元 1616 年建立後金，稱「天命汗」。

公元 1619 年，努爾哈赤的軍隊在東北薩爾滸大敗明軍，並於公元 1621 年佔領瀋陽。公元 1625 年，努爾哈赤於瀋陽修建皇宮，定都於此。

薩爾滸之戰後，遼東陷落，神宗既憂且急，於翌年（公元1620年）就一命嗚呼了！

太子朱常洛接位，是為明光宗。他一接位就廢除礦稅，犒賞邊防將士，朝野歡騰。

可惜他繼位後不夠一個月便突然去世！

朱常洛雖然一向體弱，但因小病而暴斃，非常可疑。這就是「明末三大案」其中之一的「紅丸案」，據說朱常洛吃完兩顆藥丸後不久就死了。

太子！皇上忽然駕崩了！

朱常洛暴斃，年方十四的太子朱由校匆匆接位。因他年紀尚小，政事依賴宦官處理，造成太監魏忠賢干政之亂局。

努爾哈赤亦欺其年幼，加緊進犯……

誰有把握可以守得住呢？

山海關危矣……

朝廷之內，一片愁雲慘霧。這時，有一名武將挺身而出……

只須給我兵馬糧草，我願意領軍守住山海關！

說此話者是明末名將袁崇煥。袁崇煥是廣東東莞人，萬曆年間考取進士，後入兵部，他有勇有謀，成為一代名將。

天啟六年（公元 1626 年）努爾哈赤親率十數萬大軍直撲山海關，於寧遠被袁崇煥擊退。

世界歷史透視

公元 1621 年
荷蘭西印度公司成立

公元 1622 年
耶穌會傳教士湯若望來華

報告袁將軍！努爾哈赤病死！

很好！派使者去弔唁……

順便刺探對方虛實！

努爾哈赤的繼任者是第八子皇太極。他跟隨努爾哈赤東征西討，既有戰功，也有謀略。他繼任後，訂立對明朝議和、全力降伏朝鮮的策略，使後金無後顧之憂。

皇太極全力攻打朝鮮，袁崇煥則要爭取時間加固防線，故此和談對雙方而言是各取所需。

可是後來，袁崇煥「私自議和」卻成為罪名。

不公平！我去警告他！

歷史改變不了的！

他就是十四歲登基的明熹宗朱由校嗎？

國事太傷腦筋，你看着辦，不要煩我！

嘿嘿，可以大權獨攬，一人之下，萬人之上了！

魏忠賢熹宗寵信的監。此人本市井無賴，為欠債而淨入宮。

魏忠賢越來越大膽，竟敢稱九千歲，民間更為他建造生祠供奉！

太過分了！百姓都是傻的嗎?!

我也覺得他的腦筋有問題……

因為皇帝早晚也會死的呀！靠山一去，他怎麼辦？雖然皇帝比他年輕，但世事難料……

天啟七年（公元1627年），熹宗和魏忠賢去西苑泛舟。

熹宗的小舟遇強風翻覆⋯⋯

他落入水中，雖然被救起，但驚恐過度一病不起。

不久就魂歸天國了！

朱由校的兒子都早夭，於是由五弟朱由檢繼位，改年號崇禎，是為明思宗。

朱由檢就是日後在煤山自縊的崇禎帝。

崇禎帝雖然也是年少登位，但比他的哥哥強多了！他首先對付了亂政的閹黨。

把魏忠賢貶去鳳陽看守皇陵！

魏忠賢在途中越想越驚，終於選擇自行了斷！

崇禎剷除閹黨，還賜尚方寶劍給袁崇煥鎮守邊疆，真是個英明的皇帝！

你高興得太早了！

對！我們現在先去看皇太極如何繞過山海關，取道蒙古突襲北京城！

駐守山海關的袁崇煥日夜兼程趕來救援⋯⋯

最後北京解圍，可是袁崇煥的災難卻開始了！

北京城外，明軍與敵軍交鋒，互有死傷，皇太極攻不了城，唯有撤退。

糊裏糊塗的崇禎帝召袁崇煥和他的手下祖大壽入宮，問不了幾句，就下令將袁崇煥關到獄中。

祖大壽嚇得手足無措，出北京城後無奈帶兵返回山海關。

如果我是皇太極，一定喜出望外，立即進攻！

對！

於是崇禎帝慌了，下旨祖大壽領軍來救援……

祖總兵慢走！

皇帝派來的？肯定不是好事情，放箭！

別誤會！我是奉袁督師之命來送信的。

督師要我回師北京防守……

無論督師說什麼，我都會遵從的！

袁崇煥真大量！雖然坐牢，仍顧及北京的安危！

那是崇禎帝夠無恥！他知道自己指揮不動關外將領，於是派大臣到獄中苦勸袁崇煥「以國家為重」！

是袁崇煥自己寫的信，並非朕叫他寫的！

所以我最後定他死罪，也毋須感到抱歉！

我想提早讓他上吊！

崇禎帝雖然非常勤力，但也是個疑心重的傢伙！

他中了反間計，聽信謠言，把袁崇煥殺了！

謀反！叛國！凌遲處死!!

蠢材！自毀長城！

袁崇煥真的很無辜！一百年後的清朝乾隆帝也說：

袁崇煥雖與我朝為敵，但尚能忠於所事⋯⋯

可惜他的主子昏庸，竟把他殺了！真令人惋惜！

崇禎帝雖有勵精圖治之心，但性格多疑，用人不得其法，使朝政混亂。崇禎一朝換過五十個內閣大學士，十四個兵部尚書，十七個刑部尚書，堪稱空前絕後！

崇禎帝非常狠心，下旨將袁崇煥凌遲處死，一代名將含恨而終。後世不解崇禎帝何以如此殘忍對付功臣？可能是武將功高蓋主，導致皇帝心有猜忌吧！

袁崇煥刑前遺言

一生事業總成空
半世功名在夢中
死後不愁無勇將
忠魂依舊守遼東

袁崇煥死後，他麾下有一位姓佘的謀士，偷偷為其收殮骸骨，葬於北京廣渠門內自家後院，並囑咐後人，世世代代為袁大將軍守墓。

袁崇煥死後，從此將士離心，明軍整個部隊投降後金時有發生，而且部隊中有西洋大炮，於是皇太極開始擁有火器，更是如虎添翼。

咦？東莞？袁崇煥的墓不是在北京嗎？

東莞
石碣鎮

你聽我說故事吧。話說佘家後人為袁崇煥守墓已三百多年……

經歷清朝、民國、抗日、新中國成立……

真是漫長的歷史！

第十七代後人是佘幼芝老太太。新中國成立後，她經歷過1950年代一眾領導、名人造訪袁墓的光輝歲月……

也嘗過了在文化大革命時被紅衞兵抄家破壞，之後房子更被佔去，她一家只能擠在一個羊圈改建的房子裏。

89

但她一直堅守着這個世代相傳的任務，從沒想過離開。改革開放後，她奔走呼籲，袁大將軍墓終於得到修復。

有明袁大將軍墓

後來東莞市向佘幼芝迎回一些袁崇煥的遺物，在其家鄉東莞，即是這裏設了一個衣冠塚*。

到了！衣冠塚就在這紀念園之內。

袁崇煥紀念園

*衣冠塚指只埋有死者的遺物，而無死者屍體的墳墓。

這就是袁大將軍的衣冠塚了！

右邊的石像是誰？竟然是身穿現代服飾的年輕人？

這裏又有故事。這年輕人是佘幼芝的兒子，名叫焦平。

焦平志願作為第十八代佘氏傳人，赴東莞石碣鎮為袁崇煥守墓。

豈料他在成行前遇車禍喪生，館方於是安放他的骨灰於園內，並為他設立石像。

太不幸了！

袁崇煥一世之雄，忠勇安邦，一生可歌可泣，無奈被昏君處死，令人掩卷長歎。

佘家也是史上的一道閃光，照出忠魂一縷，萬載流芳。

歷史文化知多點

明代的外患與軍事

為何明朝實施海禁？

鄭和曾七次下西洋，所乘坐的船隻宏偉壯觀，但其實明朝有一半時間，朝廷實施海禁，百姓不得出海經商，更限制外國人到中國進行貿易。

明朝的禁海令由明太祖朱元璋開始頒布。在朱元璋仍在爭奪天下時，其對手張士誠、方國珍等曾得到沿海地區的外國商人協助，因此朱元璋對海上貿易存有戒心。此外，其時日本倭寇已經常侵擾中國，為了阻止百姓與倭寇私通作亂，打擊海盜和走私，明朝便實行鎖國政策。

根據大明律例，違反海禁令的人會受到嚴厲的懲罰，百姓不但不能攜帶貨物出海，連製造規模稍大的船都是犯法的，違法的人會按律處斬，全家更會被發到邊疆充軍。

不過，沿海有很多百姓都是依賴對外貿易或捕魚為生，結果仍然有不少人鋌而走險，繼續從事海上貿易活動。直至明穆宗繼位後，海禁令才得以放鬆，朝廷開放福建的一處口岸，允許泉州和漳州的商人對外貿易，但仍然禁止民間與日本通商。

真假倭寇

倭寇是中國對侵擾沿海地區的日本海盜的稱呼，可是原來倭寇之中也有中國人，為什麼會這樣子的呢？

明代早期的倭寇的確是以日本海盜為主，當時日本國內戰亂不斷，一些在戰事中失敗的封建領主組織武士、商人、浪人，到中國沿海地區搶掠和進行走私。他們肆意奪取財物、綁架人口、殺害百姓，而且入侵的次數越來越頻密，對沿海地區造成很大的困擾。

為此，朝廷頒布了海禁令，以減少百姓與海外的聯繫，避免他們與倭寇勾結，但這使私人貿易被迫轉為走私，亦破壞了沿海百姓的生計，結果不少人加入了倭寇的行列。走私商人更成為海盜的頭目，其中商人王直所領導的海盜集團最為強大，他與日本的領主合作，在日本長崎縣建立基地，從事海上貿易和海盜活動。這些「假倭寇」在倭寇的總人數中佔七成以上，這時倭寇已並非單純是日本海盜了。

戚繼光的新兵器「狼筅」

戚繼光是明代對抗倭寇的名將。他是登州人，出身於軍人世家，十七歲便繼承父職，當上登州指揮僉事，二十六歲升為山東都指揮僉事，負責整個山東沿河的防衞。後因浙江地區倭寇為害，戚繼光升職為參將，調去浙江對付倭寇。

當時，倭寇用的武士刀長而鋒利，對陣時常將明軍用的槍桿砍斷，於是戚繼光發明了一種新的兵器叫做「狼筅」（粵音癬）。

狼筅又叫狼牙筅，是用韌性很強的毛竹作槍桿，長一丈有餘，頂端上有一尺長的尖刀，可以直刺橫掃，而且靠近尖刀的竹節，保留了橫枝椏叉，也成為武器的一部分，使用起來威力很大，不易被倭寇的利刀砍斷。

這種古怪兵器使倭寇一籌莫展，大大吃虧，後來一看到戚家軍這種兵器陣勢，立刻嚇得落荒而逃。

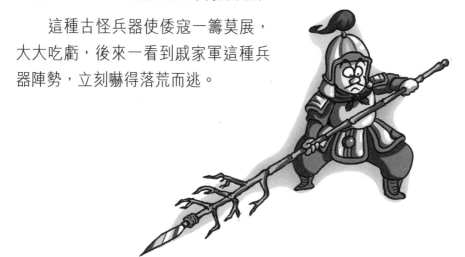

明代的火炮

中國的火炮別名火銃，屬於金屬管形射擊火器。最早的火銃是在竹筒內填上火藥彈丸，並裝上引火線。南宋的竹製火炮「霹靂炮」被稱為「無敵竹將軍」，在宋朝抗金戰爭中曾發揮重要作用。元代出現金屬火炮，威力更大，射程更遠。

明代開始製作鐵火炮，其中最有名的是佛朗機炮和紅夷大炮（清代時又名紅衣大炮）。佛朗機炮從葡萄牙傳入，是明朝與葡萄牙在廣東交戰時所獲得的戰利品，因葡萄牙當時譯做「佛朗機」而得名，後來明政府大量仿製，洋為中用，成為中國火炮。

紅夷大炮的「紅夷」指紅毛髮的荷蘭和葡萄牙人，明朝的紅夷大炮大多是從葡萄牙購買，後來朝廷選拔工匠，向歐洲的匠師學習造炮。紅夷大炮的威力強勁，努爾哈赤在寧遠之戰中就是被明軍的紅夷大炮所擊敗。直至 19 世紀中葉以後，這些舊式火炮才逐漸被西方新式大炮所取代。

想一想

戚繼光和袁崇煥為朝廷抵抗外敵，但最後都落得悲慘的下場，你認為原因是什麼呢？

第七十九回

清兵入關

袁崇煥死後，皇太極大展拳腳，於崇禎九年（公元1636年）正式稱帝，改國號為大清，是為清太宗。

另一方面，崇禎帝面臨連年大旱，兼有蝗災，草木不生，飢民處處……

這官府不理我們死活！造反去吧！

世界歷史透視

這位就是闖王李自成，他的口號是「迎闖王，不納糧」！

百姓窮得沒飯吃，想向官府納糧也納不出來呢！

其實迎闖王不單止不納糧，李自成還將官府的糧倉打開，飢民自然紛紛加入。

李自成更命人編成《迎闖王》的民謠，教小孩吟唱。

殺牛羊，備酒漿，開了城門迎闖王，闖王來了不納糧……

餓死的人屍橫遍野，官逼民反，李自成不愁沒有兵源補充，
闖軍日漸壯大。崇禎十四年（公元 1641 年），闖軍攻陷洛陽。

洛陽是福王朱常洵的
藩國。這位福王是崇禎帝
的叔叔，愛財如命，只顧
自己享樂，據說癡肥，體
重達三百六十多斤！

不過這福王也算死有餘辜！

明朝軍隊經常缺餉，奉命援救洛陽的軍士想兼程行軍也無糧。有人請求福王拿些錢財出來，他死也不肯！

真自私！

很心疼啊！

到兵臨城下，福王才忍痛撥出三千兩白銀慰勞守城軍士，但已經太遲了。軍隊無心戰鬥，終於向闖軍獻城投降。

李自成處死福王，接收了他多不勝數的金銀珠寶和數萬石糧食⋯⋯

他又開倉賑濟，飢民蜂擁而至，要求參加闖軍。此役之後，李自成的實力迅速擴張，為攻下北京作出準備！

福王之死，令崇禎帝大為震驚……

他的應對之策是殺殺殺！但不是殺闖軍，而是殺「抗賊不力」的將軍、大臣……

所謂福無雙至，禍不單行！崇禎十五年（公元 1642 年），崇禎帝當時倚重的洪承疇，兵敗被皇太極俘虜，最後投降於清。

崇禎十七年（公元 1644 年），明朝面臨滅亡，崇禎帝大罵群臣……

我不是亡國之君，你們才是亡國之臣！

世界歷史透視

公元 1641 年
英國國會通過《大抗議書》

公元 1642 年
英國清教徒革命

另一方面，李自成在西安稱帝，建國號大順，年號永昌。

兩個月後，大順軍攻陷大同、宣府、居庸關，兵臨北京城下。

官兵無心守城，或逃或降，圍城數天後就失守了！

罷了！罷了！

崇禎帝見大勢已去，揮劍砍殺妃嬪、女兒……

聽說崇禎帝的女兒長平公主只斷一臂，沒有死去，後來出家成了武功高強的獨臂神尼！

這只是武俠小說的劇情而已！

崇禎帝嘗試逃走但不果，最後返回宮中，於前殿鳴鐘召集百官，但卻無一人前來。崇禎帝至此仍不肯承認自己治國無方。

唉！都是因為諸臣誤朕！

最後他走上煤山（又稱為景山），脫去皇袍冠冕，把一條腰帶掛在槐樹上，了結自己的生命，終年三十三歲。

李自成的闖軍迅速攻入北京城，進城後實施所謂「助餉」政策，其實就是縱容部下拷打官員，燒殺搶掠，無惡不作。

李自成的左右手劉宗敏，垂涎名妓陳圓圓的美色，跑入明朝總兵吳三桂府中把她搶走。

哈哈！我的小美人！

皇上！劉將軍擄去陳圓圓，末將認為不妥！

我們正要招降駐守山海關的吳三桂，如惹惱了他，只會壞了大事！

大夥兒打下了江山，享受一下也是應該的！

那個吳三桂肯投降便罷，否則我一個指頭便把他殺死！

一朝得志，土匪性格盡露！

不稀奇！自古以來，很多民變領袖都是如此嘴臉！

要不要我去教訓他?!

人來呀！
有奸細！

再見！

李自成得悉吳三桂
不肯投降，立即着
劉宗敏帶兵去攻打
山海關！

你猜劉宗敏
怎麼說？

我們大家都是用性命來
打天下，憑什麼你在京
城享福，而我卻要去攻
打吳三桂?!

……

李自成無奈之下，只好和劉宗敏一起帶兵攻打吳。此舉說明了，李自成根本不是一個在朝廷發號施令的人材！

換作是趙匡胤、朱元璋他們，對於這些驕將一早就「杯酒釋兵權」，換一批臣服的將領了。

若不肯退下來，就「咔嚓」一刀！

說回山海關之戰吧！李自成與吳三桂兩軍於一片石（今遼寧省綏中縣）布陣……

李自成兵力優於吳三桂，戰鬥之下吳軍勢危……

吳三桂唯有親往山海關外，向清軍求援！

當時大清的皇太極已駕崩，實際掌權的是攝政王多爾袞。多爾袞欣然同意入關助吳三桂剿滅闖軍。

多爾袞率清軍分三路悄悄入關。

恰巧此時風沙大作，遮天蔽日！

本來佔上風的闖軍正在休整，風沙過後，忽見清軍鐵騎已在陣前，萬馬奔騰，飛矢如雨，霎時間闖軍被打得七零八落，潰不成軍。

皇上，我們支持不下去了！撤退吧！

一片石戰役以吳三桂和清軍大勝告終。

吳三桂你做得好！我封你為平西王，直取北京城！

闖軍大敗收場，李自成狼狽逃回北京。

吳三桂這小子！可恨啊！

人來！把吳三桂在京的一家老少全部殺掉！

瘋了！

李自成眼見大勢已去，撤出北京城之前，居然還有心情在武英殿辦了一個稱帝儀式！

傻瓜！

真奇怪！以前他在西安已登基了一次嘛！

他認為北京才是帝皇之地，在這裏登基才算數！

可惜龍椅只坐了一天，翌日就灰溜溜地落跑了！

多爾袞可不讓李自成有喘息機會，命吳三桂銜尾窮追。

李自成連吃敗仗，據說跑到湖北九宮山時，被鄉民打死了！

也有一說，是他禪隱夾山寺，化名為奉天玉。

我對闖王的寶藏最有興趣！

貪錢怪！

據說寶藏收藏在天門山的某處，可惜從沒有人找到呢！

明末亂局

女真族的崛起

努爾哈赤和皇太極是女真族人，這個女真族就是曾建立金國的部族。金國滅亡後，部分女真族退居至東北長白山一帶。努爾哈赤的先祖是建州女真的首領，後來臣服於明朝，出任明朝官職。

到了努爾哈赤擔任酋長時，他統一女真各部，建立後金，並在與明朝的薩爾滸之戰中取得大勝，掠奪了長城以北大部分土地，成為明朝的一大憂患。

努爾哈赤死後，兒子皇太極將女真族改名為「滿洲」。女真族的酋長稱為「滿住」，而皇太極一族屬於建州女真，於是他取「滿」和「州」二字。由於明朝的名稱在五行中屬火，因此他在「州」旁加水，意謂以水剋火，符合五行相剋之道。

後來，皇太極又把國號金改為清，有說是因為在宋朝時金人殘殺漢人，為了避免勾起漢人對後金的仇恨而改國號清。由此可見，皇太極對於入主中原顯示出勢在必行的決心，雖然他在入關前逝世，但最終滿洲人成功建立了中國最後一個皇朝。

闖王李自成夾山寺為僧

明末，闖王李自成率眾造反，打進北京城，做了一天皇帝。第二天清兵入關，李自成即匆匆西撤，逃至湖北通山縣九宮山，兵敗人亡。

但是，李自成是否死於九宮山實有可疑之處。首先是「屍朽莫辨」，清軍曾派認識李自成的人前往認屍，但屍首已難以辨認；其次是朝廷檔案對他的死，如此大事竟隻字不提。所以不少歷史學家認為，李自成在九宮山是製造自己已死的假象，迷惑追擊的敵兵，藉此脫身而去。

那麼他後來去了哪裏呢？其中一個流傳最廣的說法，是他獨自來到湖南石門縣的夾山寺，削髮為僧，法號為「奉天玉」。李自成曾自稱「奉天倡義大元帥」，「奉天玉」可能隱含了「奉天王」之義。

長平公主的故事

粵劇《帝女花》講述了崇禎帝之女長平公主與駙馬周世顯的故事，兩人在亡國後不願臣服於清朝，最後在新婚之夜雙雙服毒自殺。而在武俠小說中，長平公主更是一位武功高強的獨臂神尼，究竟真實歷史上的長平公主是怎樣的？

長平公主是崇禎帝的次女，深得寵愛，十六歲時被許配給都尉周世顯，但當時各地已出現流寇，政局不穩，婚事只好暫緩。可惜還未等到成婚之日，闖王李自成已攻破京城。崇禎帝眼見大勢已去，不希望妻女被流寇所污，於是便命皇后妃嬪自盡，又揮刀斬殺長平公主和其妹昭仁公主。長平公主左臂被砍斷，但性命卻得以保存。

清朝建立後，長平公主心灰意冷，曾要求順治帝讓她出家，但不獲准許。後來順治帝按照原來的婚約，讓長平公主嫁予周世顯。可是經歷國破家亡，長平公主鬱結難紓，結果憂鬱成疾，患病身亡。

想一想

你認為明朝的滅亡是什麼原因造成的？

第八十回

明亡清替

鄭成功！

又是這個姿勢！

鄭成功是福建泉州府安平鎮人。

其父鄭芝龍本為海盜，曾受明朝招安，後降大清。鄭成功不願變節，帶領部分人馬支持永曆帝。

永曆十三年（公元1659年），鄭成功看準清兵在江南兵力薄弱，於是二度親率十七萬大軍逆長江而上，發動北伐。

南京城只得二萬守兵，聞得鄭成功大軍壓境，清軍派使者向鄭成功請求寬限……

我們願降，但我們家老小都在北京，若立即開城迎將軍，他們只有死路一條！

根據律例，若我們守城一個月才投降，家人便可免罪！

請將軍成全我們，一個月後，我們開城迎接將軍！

好！就等你們一個月！

！！

不是吧？這也相信？！鄭成功是個傻瓜嗎？

鄭成功不傻，一來他的水軍不擅長陸戰，二來他想保存實力。

若能不費一兵一卒得到南京，是多划算的事情！

清軍利用這緩兵之計，火速調動軍隊奔赴南京，軍隊計有十五萬，其中更有身經百戰的八旗＊勁旅。

＊八旗是清朝特有的軍事、生產和行政管理的組織。清朝入關後，八旗兵在京師各地駐守，其後更有系統地分布在全國的軍事要地。

清兵突襲駐紮在南京城外的鄭軍，鄭軍一來猝不及防，二來不擅長陸戰，傷亡慘重。

鄭成功收拾殘兵逃回廈門，但想到若不進攻，廈門亦非可以堅守之地。

而沿海一帶，有一個很大的台灣島！

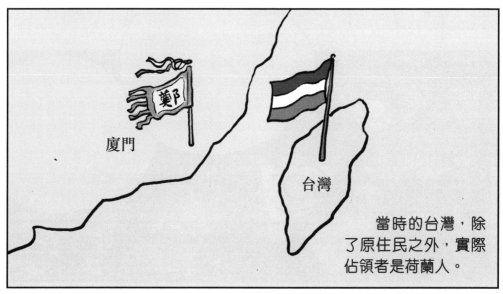

廈門

台灣

當時的台灣，除了原住民之外，實際佔領者是荷蘭人。

鄭成功用幾個月時間，已攻佔普羅民遮城，將之改名為東都明京。

同年年底，安平古堡的荷蘭人投降。

公元1662年，這一年鄭成功才三十八歲。

正值壯年，有雄厚根基，可以大展拳腳了！

鄭成功

可惜！就在鄭成功收復台灣的十多日前，永曆帝已被吳三桂擒獲！

四個多月後，永曆帝在昆明被清軍殺害。

説來巧合，永曆帝被害二十多日後，鄭成功也染急病身亡！

從此清朝一統江山，安享太平？

康熙十七年（公元
1678 年）三月，吳三桂
起兵反清已經到第五年，
由最初的意氣風發、勢
如破竹，到了勢窮力竭、
窮途末路之時，卻忽然
登基稱帝。

他建國號
為周，史稱吳
周政權。

吳三桂稱帝後，同年
八月病逝，皇帝夢僅發了
五個月。

説來説去，
都是為了做
皇帝夢！

明朝的故事就
説到這裏了！

134

歷史文化知多點

清初的抗爭

南明將領史可法

清兵入關後，不少明朝遺臣知道前朝氣數已盡，於是降服清廷，為清帝效力，但也有官員對明朝忠貞不二，輔助南明，其中一位就是史可法。

弘光帝朱由崧（粵音鬆）在南京即位後，任用史可法為兵部尚書。當時南明政權控制了淮河下游和長江以南的地區，但仍面對李自成和清兵的威脅。在朝臣馬士英的排擠下，失勢的史可法請旨統領軍隊，鎮守淮安和揚州兩地。

在清兵逐步進逼的時候，南京傳來左良玉帶兵討伐馬士英的消息，馬士英要求史可法返京救援。史可法正在鎮守的揚州是清軍攻打南京的必經之地，若是失守，後果不堪設想，但無奈之下史可法只有撤防返回南京，卻在半途之中得悉亂軍已降，於是又急急返回揚州。

清軍向揚州發動猛烈進攻，史可法請各地派兵救援，卻幾乎無人來救，他與揚州軍民死守，最後還是被清軍攻破，史可法不願向清投降而被殺。由於清軍在揚州之役傷亡慘重，於是下令屠城十天以洩憤，據說因此喪命的人數高達八十萬，是中國歷史上其中一場慘烈的屠城事件。

清朝的剃髮令

古時漢人皆留髮不修剪，因為儒家古訓有云：「身體髮膚，受之父母，不敢毀傷，孝之始也。」因此人們頭髮長了，就束起來，或在頭頂結髻；滿人的風俗卻是把額上至頭頂的頭髮剃掉，只留腦後的一束紮成辮子。

清兵入關後，朝廷下了一個「剃髮令」，着所有漢人按滿人的風俗剃髮，引起漢人的激烈反對，但當時清朝尚未坐穩江山，於是只好暫緩執行。

清朝入主中原，朝中滿、漢官員分班而站，滿族官員自然是剃髮留辮，穿滿服；漢族官員則仍沿用明朝的束髮冠帶。明朝降臣孫之獬（粵音蟹）為了迎合新帝，主動剃髮，換上滿服。可是當他列於滿班，滿臣卻認為他是漢人；當他列於漢班，漢臣又因為他摒棄漢俗而排斥他。

孫之獬又羞又怒，於是向皇帝呈上奏折，説：「陛下平定了中國，萬事都有新氣象，但衣冠束髮卻是漢人舊有的習俗，這是陛下順從中國，而非中國順從陛下。」就是因為這道奏折，加上大局已定，清世祖順治帝嚴厲執行「剃髮令」，若有人不服從便殺！於是便有了「留髮不留頭，留頭不留髮」的説法。

反剃髮抗爭

　　清廷下令要嚴厲執行剃髮令，在公文到達後的十天內，倘若有人不從，便立即殺掉。可是，不少漢人寧願選擇「留髮不留頭」，其中反抗最激烈的要數江南一帶的百姓。

　　直隸常州府江陰城（今江蘇省江陰市）的百姓收到剃髮令後，向知縣方亨請願，希望能夠留髮，但方亨卻對眾人破口大罵。百姓都被惹火了，指責方亨身為明朝進士，卻來做清朝知縣，不知羞恥。方亨眼見江陰百姓不肯遵從，於是便向上告密，請求派兵鎮壓。有縣吏得知後，將消息告知江陰百姓，大家都怒不可遏，把方亨抓起來殺掉。結果本來已歸順清廷的江陰城，因剃髮令而揭竿反清。

　　清廷馬上發兵鎮壓，曾任明朝官吏的閻應元帶領二萬多名百姓輪流守城，面對人數眾多的清兵，全城居民沒有退縮，決定奮戰到底。可惜堅持了兩個多月後，清兵終於攻破城門，屠城兩天，最後全城只有五十多人得以倖存。

　　雖然江陰城的抗爭失敗，但百姓自發聯合起來，為守護傳統而奮戰，其精神值得後人敬重。

荷蘭統治下的台灣

荷蘭遠在歐洲大陸，為何在 17 世紀會佔領了台灣這個島嶼呢？原來自 15 世紀開始，很多歐洲航海家出海探索，發現了新航道，這使歐洲至亞洲的航程大大縮短，而東方的物產豐富，吸引了商人前來進行貿易。荷蘭人希望與中國和日本通商，於是在 1624 年奪取台灣，作為貿易據點。

荷蘭佔據了台灣南部的沿海地區，以熱蘭遮城和普羅民遮城為統治的中心，並取得台灣北部的基隆和淡水兩個港口。荷蘭人在佔領地開墾土地，鼓勵漢人農民移居到台灣種植甘蔗、米等作物，再把作物向外傾銷。隨着荷蘭人的行政支出增加，他們向居民收重稅，使當地漢人對荷蘭人的統治越來越不滿。

後來，鄭成功擊敗荷蘭人，但他們撤離台灣後，曾聯合清朝一同攻打台灣，雖然聯軍得勝，但清廷沒有繼續協助進攻台灣，荷蘭人其後只佔領了基隆，但由於此地不便補給，貿易方面亦無甚利益，最終荷蘭人完全撤出台灣。

想一想

如果你是南明的官員，你會不會選擇臣服於清廷？

▲ 位於台北淡水的紅毛城由荷蘭人建造，清朝時由英國租借為領事館。

重點大事

公元 1368 年
朱元璋建立明朝，
是為明太祖，後設
錦衣衞。

公元 1399 年
建文帝削藩，燕王
朱棣起兵反抗，後
自立為帝。

公元 1626 年
寧遠之戰，袁崇煥
擊敗努爾哈赤。

公元 1636 年
皇太極稱帝，改
國號大清，是為
清太宗。

公元 1661 年
鄭成功進攻
台灣。

公元 1644 年
李自成攻陷北京，崇禎
帝在煤山自縊，明朝滅
亡；吳三桂引清兵入關。

公元 1405 年
鄭和首次下西洋。

公元 1616 年
女真族首領努爾哈赤
建立後金。

公元 1582 年
張居正逝世，戚繼
光受彈劾被罷免後
調為廣東總兵。

公元 1673 年
康熙帝削藩，平西王
吳三桂起兵反抗，三
藩之亂開始。

遠古時代
夏 （公元前 2070 年至公元前 1600 年）
商 （公元前 1600 年至公元前 1046 年）
西周 （公元前 1046 年至公元前 771 年）
春秋 （公元前 770 年至公元前 403 年）
戰國 （公元前 403 年至公元前 221 年）
秦 （公元前 221 年至公元前 206 年）
漢 （公元前 206 年至公元 220 年）
三國 （公元 220 年至 280 年）
西晉 （公元 266 年至 316 年）
東晉 （公元 317 年至 420 年）
南北朝 （公元 420 年至 589 年）
隋 （公元 581 年至 618 年）
唐 （公元 618 年至 907 年）
五代十國 （公元 907 年至 979 年）
北宋 （公元 960 年至 1127 年）
南宋 （公元 1127 年至 1279 年）
元 （公元 1279 年至 1368 年）
明 （公元 1368 年至 1644 年）
清 （公元 1644 年至 1912 年）

中國歷史大冒險 ⑫

大明帝國

作　　　者：方舒眉
繪　　　圖：馬星原
責任編輯：陳志倩
美術設計：陳雅琳
出　　　版：新雅文化事業有限公司
　　　　　　香港英皇道 499 號北角工業大廈 18 樓
　　　　　　電話：（852）2138 7998
　　　　　　傳真：（852）2597 4003
　　　　　　網址：http://www.sunya.com.hk
　　　　　　電郵：marketing@sunya.com.hk
發　　　行：香港聯合書刊物流有限公司
　　　　　　香港新界大埔汀麗路 36 號中華商務印刷大廈 3 字樓
　　　　　　電話：（852）2150 2100
　　　　　　傳真：（852）2407 3062
　　　　　　電郵：info@suplogistics.com.hk
印　　　刷：Elite Company
　　　　　　香港黃竹坑業發街 2 號志聯興工業大樓 15 樓 A 室
版　　　次：二○二○年四月初版

ISBN: 978-962-08-7470-3
© 2020 Sun Ya Publications (HK) Ltd.
18/F, North Point Industrial Building, 499 King's Road, Hong Kong
Published and printed in Hong Kong

鳴謝：
本書 P.139 圖片來自 Pixabay（https://pixabay.com）